80 activités pour lui donner le goût de la lecture

Dans la même collection :

365 activités avec mon bébé (0-1 an)

365 activités avec mon tout-petit (1-3 ans)

365 activités avec mon enfant (3-5 ans)

100 massages et activités de relaxation avec mon bébé (0-2 ans)

100 postures de yoga avec mon bébé

100 activités Montessori pour préparer mon enfant à lire et à écrire (2-6 ans)

100 activités d'éveil Montessori (dès 18 mois)

60 activités Montessori pour mon bébé

Conception graphique : Laurence Ningre

Maquette : Alice Nussbaum

Éditions Nathan, 25 avenue Pierre de Coubertin, 75013, Paris, France.

ISBN : 978-2-09-278629-1

Dépôt légal : juin 2013.

N° d'éditeur : 10189166

Grandir avec Nathan
grandiravecnathan.com

80 activités pour lui donner le goût de la lecture

Christian Poslaniec

Nathan

sommaire

3-5 ans

5-7 ans

7-10 ans

Introduction

L'objectif de cet ouvrage est de vous donner des idées d'activités à partager avec votre enfant pour lui transmettre l'envie, le goût, le plaisir de lire. Car il ne faut pas confondre apprendre à lire et apprendre à aimer lire. L'apprentissage de la lecture se fait à l'école, avec des enseignants formés pour cela. Mais découvrir le plaisir de lire peut commencer bien avant, à la crèche, à l'école maternelle, et surtout à la maison, auprès de vous, parents.

Pour de faux !

Ce n'est pas difficile. Soyez simplement attentif, pour commencer, à tous les échanges que vous avez avec votre enfant. Le jeu du « coucou/caché », par exemple, qui fait rire votre bébé, est déjà une préparation au plaisir de lire. Si l'enfant rit, c'est qu'il se rend compte qu'il s'agit d'un jeu, et que lorsque vous vous cachez les yeux vous ne disparaissez pas pour de bon. Quand vous vous démasquez, il a ainsi faussement peur ! Le jeu de la lecture fonctionne de la même manière : les personnages qui effraient ne sont que des « tigres de papier ».

Un plaisir contagieux

Quand votre bébé vous voit lire, scrute votre visage et perçoit que vous êtes passionné ou amusé, il associe le livre au plaisir.

Plus tard, ou avec un enfant plus grand qui sait déjà lire – même si cela lui est encore difficile –, vous renforcerez son plaisir à lire et à partager ses lectures en lui demandant de vous recommander un livre qu'il aime.

Cet ouvrage cite de nombreux livres qui se trouvent facilement dans les bibliothèques. Vous pouvez aussi acheter ceux qui vous séduisent le plus. Cependant, les livres mentionnés le sont le plus souvent à titre d'exemples et vous pourrez réaliser les activités proposées avec d'autres textes que vous aimez !

Avant 3 ans

Le tout-petit commence par découvrir l'objet livre : comment le tenir, l'ouvrir, tourner les pages ; puis il en scrute les images, y reconnaît des objets familiers, ou des personnes. Très tôt, à force de vous entendre raconter l'histoire, votre enfant se rend compte que le texte ne change pas, et cela le rassure. Ce temps d'avant 3 ans, c'est aussi l'âge de la rencontre avec les personnages les plus connus de la littérature enfantine : la princesse, le loup, la sorcière, l'ours... C'est le début de la culture. C'est de ce plaisir d'entendre des histoires à vos côtés que naîtra plus tard le désir d'apprendre à lire.

1

livre câlin

Pour que la lecture soit associée au plaisir dès le plus jeune âge, il est important que votre enfant découvre ses premiers livres niché au creux de vos bras, comme pour un câlin, là où il se sent en sécurité. Ouvrez l'album, lisez le texte, montrez-lui les images, touchez les pages, commentez les dessins... Bientôt, ce moment tendre sera attendu et aimé par le tout-petit, qui associera très vite livre et plaisir. Mais cela ne doit pas vous empêcher de regarder ensemble un livre par terre, sur un tapis ni, plus tard, de lui en lire un alors que vous êtes assis en face de lui. Les plaisirs peuvent être variés, comme les livres !

2
as-tu peur ?

Réunissez quatre albums mettant en scène pour l'un un animal, pour le deuxième un personnage imaginaire, pour le troisième un enfant, et pour le quatrième un personnage qui fait peur ou un monstre : sorcière, dragon, fantôme, ogre... Ouvrez celui dont le personnage est un animal (un cochon, par exemple), et demandez à votre enfant : « Est-ce qu'il te fait peur ? » Il vous répondra probablement non.

Reposez la question avec le personnage imaginaire (une fée...) puis avec l'enfant (Léo...)... et terminez par l'album avec le personnage effrayant, en reprenant cette fois le jeu des question/réponse depuis le début :

– As-tu peur du cochon ?

– Non !

– De la fée ?

– Non !

– De Léo ?

– Non !

– Du loup ?

– Oui !

3

cache-cache crocodile

Il existe beaucoup de « drôles de livres » animés qui invitent au jeu et aident le tout-petit à faire travailler son imagination. *Le Jardin de Mila*, de Mila Boutan (L'École des loisirs), par exemple, est un livre-paravent qui représente une forêt tropicale avec beaucoup d'arbres et d'animaux ; déplié, il forme une grande enceinte. L'enfant peut se placer au cœur de l'histoire, au sens propre, et en devenir un personnage : « Attention ! Cache-toi ! Voilà le crocodile ! » Découvrez aussi *Dans la jungle*, de Bénédicte Guettier (Casterman), où l'enfant peut glisser sa tête « dans » le livre. Effet garanti !

4

l'animal préféré

Le tout-petit aime souvent les animaux et il n'est pas rare qu'il réclame un compagnon de jeu : chat, chien, poussin, lapin, hamster, voire... insecte ou serpent ! À défaut de lui offrir celui-ci, proposez-lui deux ou trois livres dont le héros est justement son animal favori. Il existe des milliers de livres sur les animaux, et bibliothécaires ou libraires vous conseilleront facilement. Votre enfant aimera retrouver le héros de ces livres et, même petit, aura envie de les « lire » tout seul en se racontant une histoire !

5

raconter à nounours

Voici une façon de rendre votre enfant attentif à la lecture, et en même temps de l'amuser. Dites-lui : « Aujourd'hui, ce n'est pas à toi que je vais lire un livre, mais à ton nounours ! » Tournez-vous vers la peluche et lisez-lui le livre en lui montrant les images... en vous arrangeant bien entendu pour que votre enfant les voie aussi. Avec un « nounours », choisissez de préférence une histoire d'ours, comme *Boucle d'or et les trois ours*, de Rose Celli ou *La Chasse à l'ours*, de Michael Rosen et Helen Oxenbury (Kaléidoscope) : ce sera plus amusant !

Et choisissez d'autres textes
pour d'autres peluches, par exemple
Pourquoi mes pieds sont-ils si grands ?,
de Jon Blake et Axel Scheffler (Nathan),
pour un lapin, *Yok-Yok, le chat qui parle trop*,
d'Étienne Delessert (Gallimard Jeunesse),
pour un chat, et *Coucou petite tortue !*,
d'Ophélie Texier (Nathan), pour une tortue.
Si vous avez envie de lire un livre en particulier
à votre enfant, faites semblant d'écouter
la demande du nounours : « Il me dit
qu'il veut une histoire avec des abeilles ! »
Votre enfant aura bientôt envie de vous imiter
et vous le verrez raconter une histoire
à son ours avec le plus grand sérieux !

6

le bonhomme de pain d'épice

Avant de raconter à votre enfant l'histoire du « petit bonhomme de pain d'épice », il faut lui faire goûter cette friandise, qu'il ne connaît peut-être pas encore… Confectionnez ensemble un bonhomme de pain d'épice et racontez-lui en même temps l'histoire de ce personnage qui s'évade du four et se sauve en criant « Vous ne me rattraperez pas ! », poursuivi par toute la maisonnée, y compris les animaux, et qui finit dans l'estomac d'un renard rusé. Et c'est après le goûter que vous pourrez découvrir ensemble l'une des nombreuses versions de cette histoire !

7

être le loup

Certains livres tout carton proposent un personnage détachable que l'enfant peut manipuler et promener dans l'histoire à sa guise. Ainsi, dans la collection « Mon tout premier conte » (Casterman), le lecteur du *Petit Chaperon rouge* peut jouer avec une pièce de carton détachable qui représente d'un côté le Petit Chaperon rouge, de l'autre le loup. Dans *Les Trois Petits Cochons*, au recto, ce sont les cochons, et au verso, le loup. C'est une expérience très intéressante, car bientôt l'enfant entrera à son tour dans l'histoire quand il apprendra à lire.

8
le livre-jeu

Beaucoup de livres pour enfants sont en même temps des jeux. C'est une bonne occasion de partager avec son enfant un moment de plaisir, qu'il va de son côté associer au plaisir de l'histoire. *Où est le loup ?*, de Bourgeau et Ramadier (L'École des loisirs), un album aux pages cartonnées, est un livre de ce type. La maman de Petit Cochon lui dit de se méfier du loup. Peu rassuré, le cochonnet cherche à le repérer et regarde partout... ce que votre enfant va faire aussi ! Or, à chaque page du livre, une partie de l'image est masquée par un rabat :

on devine d'abord des oreilles noires pointues, puis le bout d'un museau avec de grandes dents, ensuite un bout de queue sombre, etc. Le jeu consiste donc à ouvrir le rabat pour voir ce qui se cache derrière. Votre enfant découvrira alors avec vous que les oreilles sont celles d'un lapin, que les dents appartiennent à un castor et que c'est un blaireau qui laisse dépasser le bout de sa queue. Au bout de quelques lectures, votre enfant connaîtra le livre par cœur, mais le plaisir n'en sera pas moins vif, et ce sera l'occasion pour lui de découvrir des animaux plus rares !

9

tirage au sort

Pour varier les plaisirs et échapper de temps en temps à la trentième lecture du même livre, proposez à votre enfant ce petit jeu : disposez par terre, ou sur une table, six ou sept livres dont vous aurez préalablement caché la couverture et parmi lesquels se trouve son livre préféré du moment. Demandez-lui d'en choisir un au hasard ; le lendemain, enlevez celui que vous avez lu la veille.

10

où est la petite bête ?

Certains livres fourmillent de détails et de personnages qu'il est amusant de chercher au fil des pages. Dans *Crapaud*, de Ruth Brown (Gallimard Jeunesse), par exemple, le lecteur porte toute son attention sur un crapaud prétendument monstrueux. Or le vrai monstre est ailleurs : c'est une bête ressemblant à un dinosaure, dissimulée dans le feuillage ! *La Revanche du coq*, de Béatrice Rodriguez (Autrement), est une histoire sans texte

dans laquelle votre enfant pourra
s'amuser à chercher le lapin blanc :
il est partout, mais parfois au premier plan,
d'autres fois au dernier, en petit.
Dans *Une année avec Mamouna*,
de Didier Jean & Zad (Casterman),
c'est un chat qu'il faut retrouver et,
selon les pages, il est nécessaire
d'actionner une tirette
pour le voir.

11

le petit pot

Au moment de l'apprentissage de la propreté, vous pouvez proposer à votre enfant deux ou trois albums sur ce thème. D'une part, cela l'incitera peut-être à utiliser plus volontiers le pot ; d'autre part, il regardera ces histoires avec un intérêt d'autant plus grand qu'il a lui-même affaire au pot dans sa vie réelle. Dans certains albums, l'usage réel du pot est détourné et c'est une bonne occasion d'en rire ! Dans *Le Petit Pot de Zaza*, de France Quatromme et Coralie Saudo (L'Élan vert), par exemple, Zaza fait du pot un chapeau, le chien un panier, le chat une gamelle, le lapin un seau à carottes, la souris une maison, la grenouille une baignoire et la fourmi un bateau... avant que Zaza consente à l'utiliser pour y faire pipi !

12

les histoires de la nature

Votre jeune enfant s'amusera beaucoup à trouver dans les livres des légumes qui dansent, des animaux qui parlent, des fleurs jouant les princesses. Bientôt, il va commencer à vous poser des questions pour savoir ce qui est vrai et ce qui est imaginaire, même s'il ne l'exprime pas comme cela. C'est le moment de lui faire connaître des albums documentaires, c'est-à-dire des livres qui, avec de courts textes et des photos, expliquent aux enfants les mystères du monde. Vous pouvez également regarder et lire ensemble *Petites mésaventures dans la nature*, de May Angeli (Seuil Jeunesse), qui s'intéresse à la grenouille qui a faim comme à l'oiseau apprenant à voler.

13
comptines et chansons

Les comptines qui riment sont déjà, pour les petits, une première forme de poésie. Elles font aussi partie de la culture d'un pays et témoignent de la richesse d'une langue, comme les chansons. Votre enfant adorera découvrir à vos côtés *Une poule sur un mur*, *Prom'nons-nous dans les bois* ou *Dodo, l'enfant do*, et les connaîtra vite par cœur. On trouve chez plusieurs éditeurs des recueils de comptines. Des recueils de chansons (parfois accompagnés d'un CD) existent également, voire des albums se consacrant à un seul titre : par exemple, *Au clair de la lune*, illustré par Philippe Dumas (L'École des loisirs), ou *Pirouette cacahuète*, illustré par Charlotte Mollet (Didier Jeunesse). Proposez-les à votre enfant et chantez avec lui !

14

les petites boîtes

En vacances, emportez trois livres que votre enfant adore et connaît par cœur, et le même nombre de petites boîtes. Au cours d'une promenade, ramassez ensemble des éléments de la nature ou des bestioles qui figurent dans chacun des livres mais sans risque de confusion : un caillou, une fleur rouge, un coquillage, un champignon, du sable, une coccinelle (que vous relâcherez plus tard en chantant : « Coccinelle, demoiselle, bête à bon Dieu... »)... Déterminez une boîte par livre et placez les éléments ramassés à l'intérieur. Mélangez les boîtes. Votre enfant devra en ouvrir une au hasard et rechercher la page du livre où est dessiné ce qu'il y a trouvé.

15

ça n'existe pas !

L'une des interrogations principales d'un enfant de 3 ans est de distinguer le réel de l'imaginaire, en particulier lorsqu'on lui raconte des histoires de sorcières, de géants ou de fantômes. Le principe de ce jeu est donc de lui demander au moment de la lecture d'un livre : « Une sorcière, ça existe pour de vrai ou ça n'existe pas ? Et un crocodile ? Et une fée ? Et un éléphant ? » Cela va l'aider à organiser son univers. On gardera pour plus tard les personnages complexes comme le loup ou le dinosaure, qui ont existé mais n'existent presque plus, ou plus du tout.

16

la télé de papier

Les vacances sont le moment idéal pour faire un peu oublier à votre enfant la télé et les écrans. À la place de ses séries et de ses dessins animés préférés, découvrez les aventures de ses héros dans les livres. En effet, la plupart des héros des tout-petits sont nés sur le papier avant de devenir des images animées. On trouve donc facilement des albums pour les plus jeunes qui mettent en scène Oui-Oui, l'éléphant Elmer, l'âne Trotro, Petit Ours Brun, T'choupi, Babar, Mouk ou le marsupilami. D'autres héros, comme Charlotte aux fraises ou Dora l'exploratrice, ont, à l'inverse, été des personnages animés avant de faire leur apparition dans des livres.

17

les petites marionnettes

Organisez de temps à autre un spectacle de marionnettes en reprenant les dialogues d'un livre. Sur un morceau de carton, dessinez la tête d'un personnage que votre enfant aime bien (ou collez une photocopie de ce personnage), ajoutez un morceau de tissu pour le vêtement et fixez une tige de bois derrière avec du ruban adhésif pour manier la marionnette. Si votre enfant aime T'choupi ou Petit Ours Brun, par exemple, créez trois marionnettes : le jeune héros, le papa et la maman. Au début, vous ferez le spectacle seul(e), puis, très vite, votre enfant y participera, car il connaît sans doute déjà le livre et les dialogues !

18

se déguiser

Il existe de nombreuses occasions de se déguiser : un carnaval, Halloween, une fête d'anniversaire... Au lieu de choisir un déguisement banal – princesse pour une fille, super-héros pour un garçon –, proposez à votre enfant de devenir l'un des personnages d'un livre qu'il aime : le Petit Chaperon rouge ou le loup, un chevalier ou un dragon, un lapin ou un renard, Dora ou Oui-Oui... Cela donne l'occasion de relire ensemble les albums où apparaît ce personnage, de scruter les images, de regarder attentivement ses vêtements et même ses gestes, afin de l'imiter parfaitement !

19

madame la neige

Quand votre enfant sera familiarisé avec la neige et que vous aurez commenté avec lui toutes ses sensations qui en résultent, vous pourrez lui chanter cette comptine à deux voix :

– La neige a le nez froid.
– Mais elle n'a pas de nez !
– La neige a les pieds froids.
– Mais elle n'a pas de pieds !
– La neige a les mains froides.
– Mais elle n'a pas de mains !
– La neige a les yeux froids.
– Mais elle n'a pas de z'yeux !
– Pourtant elle me regarde
– Avec ses grands yeux blancs.

Très vite, l'enfant la connaîtra par cœur
et pourra vous donner la réplique.
La même activité peut être pratiquée
avec le feu ou l'eau : détaillez les sensations
et inventez une comptine dialoguée.

20

raconte-moi le livre

De temps en temps, transformez la cérémonie du soir en disant à votre enfant : «Aujourd'hui, c'est toi qui vas me raconter une histoire avant de t'endormir. Je choisis ce livre-là», et en lui tendant un livre qu'il connaît bien. Comme les images lui permettent de se repérer, votre enfant trouvera cette inversion des rôles amusante, et il n'aura pas de mal à vous raconter l'histoire avec ses propres mots. Parfois même, il connaît par cœur le texte et donne l'impression de déjà savoir lire ! Lui demander de vous lire l'histoire, c'est lui confier une vraie responsabilité de «grand», qu'il va beaucoup apprécier.

3-5 ans

Votre enfant a été jusque-là très occupé à découvrir le langage, montrant sans arrêt du doigt les objets dont il vous demandait le nom. À l'école maternelle, il va expérimenter le langage avec ses camarades. Il va aussi commencer à jouer avec les mots, devenir sensible aux sons qui se répètent, comme dans les comptines, et rire de situations cocasses ou absurdes : la souris qui mange l'éléphant ou le parent qui se comporte comme un enfant. C'est aussi l'époque où votre enfant apprend à reconnaître les lettres, et bientôt l'alphabet n'a plus de secret pour lui.

Les livres

Il est maintenant capable d'imaginer toute une histoire à partir des images, celle qui est racontée dans le livre aussi bien que celle qu'il a dans la tête. Il s'intéresse aussi de plus en plus aux personnages et commence à se rendre compte que les animaux des livres agissent parfois comme des humains. Enfin, quand on lui lit des livres, il éprouve de fortes émotions : il s'attendrit, il rit, il a peur, ou il est triste.

21

fais-moi peur !

Cette activité prolonge l'activité n° 2, « As-tu peur ? ». Cette fois, il ne s'agit pas de poser une question à votre enfant, mais de le faire réagir. En effet, les enfants de cet âge adorent avoir peur « pour de rire » et des centaines d'albums mettent en scène des personnages plus ou moins effrayants. Dans certains, un fantôme, un squelette ou un lion se déplie quand on tourne la page ; dans d'autres, le monstre représenté est ridicule ; parfois encore, les personnages effrayants se succèdent, comme dans *Boum boum boum qui est là ?*, de Philippe Goossens (Mijade), où frappent à la porte, successivement, un fantôme, un ogre, le grand méchant loup et une sorcière. Avant de commencer ce jeu, avertissez votre enfant : « Attention ! je vais te faire peur ! »,

3+

3-5 ans

puis montrez-lui une image représentant un loup, un fantôme, une sorcière, un crocodile ou un requin. Il fera délicieusement semblant d'être terrorisé ! Parlez ensuite avec lui des différences entre les personnages : les personnages imaginaires comme les ogres ou les fantômes, les animaux réellement dangereux comme les crocodiles ou les requins, et ceux qui ont existé mais sont devenus des légendes comme les loups. En grandissant, votre enfant retrouvera ces personnages dans *Les Fables* de La Fontaine ou les romans étudiés en classe par exemple. Mais il aura eu la chance de s'être familiarisé avec eux dès sa petite enfance.

22

cuisine littéraire

Dans beaucoup de livres pour enfants, il est question de nourriture, parce qu'un loup ou un ogre renonce à la viande et adore les gâteaux, parce qu'un jeune héros n'aime pas manger tel ou tel aliment, ou pour bien d'autres raisons ! Surprenez votre enfant en lui cuisinant un plat en relation avec un livre, par exemple *Je n'aime pas la salade !*, de Tony Ross (Gallimard Jeunesse), ou *Nous, on n'aime pas les légumes !*, de Chantal et Godeleine de Rosamel (Albin Michel Jeunesse).

3+

3-5 ans

De son côté, *Espèce de cucurbitacée !*, de Nathalie et Yves-Marie Clément (Père Castor/ Flammarion), est un livre qui permet de faire découvrir la soupe à la courge, la salade de concombre, le melon et la pastèque... mais aussi de jouer, comme le grand-père de l'histoire, à inventer de faux gros mots !

23

à deux voix

3+

3-5 ans

Les enfants adorent qu'on leur relise les mêmes livres et ils finissent par les connaître par cœur – c'est une bonne occasion de jeu ! Commencez à lire tout haut un livre, mais arrêtez-vous au milieu d'une phrase et demandez à votre enfant de la terminer. Compliquez ensuite le jeu en lisant cette fois la moitié d'une page et en demandant à votre enfant de la finir. Finalement, tout le livre pourra être ainsi dit à deux voix. Si vous choisissez un livre avec beaucoup de dialogues, comme *Je vais me sauver !*, de Margaret Wise Brown et Clement Hurd (Mijade), où une maman lapin dialogue avec son lapineau, votre enfant dira les répliques du petit lapin.

24

faire une randonnée

Beaucoup d'albums pour les jeunes enfants proposent ce qu'on appelle une « histoire en randonnée » : le personnage principal mène une quête et répète la même phrase (une question, le plus souvent) à chaque personnage nouveau qu'il rencontre. Par exemple, *Poussin noir*, de Rascal et Peter Elliott (Pastel), présente un poussin qui est le seul de cette couleur parmi cent poussins tous jaunes. Alors il se lance à la recherche de ses parents en demandant au chien, à la chatte, au cochon, etc. : « Es-tu mon papa ? » ou « Es-tu ma maman ? » Choisissez un livre de ce type que votre enfant connaît bien et proposez-lui de « jouer » ensemble l'histoire avec vous : votre enfant est le petit héros et vous lui demandez ce qu'il va faire.

Ainsi avec *Roule-Galette...*, de Natha Caputo (Père Castor/Flammarion), la question sera : « Dis donc, toi, la galette, qu'est-ce que tu vas faire ? » Votre enfant répondra à sa façon : « Je vais me sauver ! » ou « Je m'ennuie, alors je m'en vais ! » ou, tout simplement, il reprendra la ritournelle du livre : « Je suis la galette, la galette [...] / On m'a mise à refroidir / Mais j'ai mieux aimé courir ! » Car dans la plupart des albums en randonnée il y a une ritournelle qui se répète et que l'enfant retient vite.

25

il pleut, il mouille

Organisez une promenade sous la pluie, votre enfant fièrement abrité sous son petit parapluie. Vous allez découvrir des escargots, des limaces, des vers de terre, voire des grenouilles... Or, tout ce petit monde peuple aussi les livres pour enfants ! Découvrez ainsi ensemble *Nénette la grenouille verte*, de Cédric Janvier et Sylvie Giroire (Balivernes Éditions), ou *Margot l'Escargot*, d'Antoon Krings (Gallimard Jeunesse). Vous pouvez aussi déclarer ouverte la fête du parapluie, en lisant plusieurs albums

3+

3-5 ans

sur cet objet, comme *Le Parapluie jaune*, de Ryu Jae-Soo (Mijade), *Clémence et le grand parapluie*, de Martine Delerm (Seuil Jeunesse), ou *Le Parapluie de madame Hô*, d'Agnès de Lestrade et Martine Perrin (Milan Jeunesse). Enfin, pourquoi ne pas faire la connaissance de Mary Poppins, avec son ombrelle-parapluie qui la transporte dans les airs, en regardant le film qui porte son nom ? Plus tard, vous lui offrirez les romans.

26

la pluie fait des claquettes

3+

3-5 ans

Un jour de pluie, écoutez avec votre enfant les bruits de la pluie qui tombe et jouez à trouver une onomatopée qui rappelle ce que vous entendez : tip tip ou plic ploc ou tac tac tac, etc. Puis cherchez des onomatopées dans des livres et essayez de faire deviner à votre enfant le bruit qu'elles suggèrent. Par exemple, dans *La Galette à l'escampette*, de Geoffroy de Pennart (Kaléidoscope), une voiture qui klaxonne puis heurte un loup fait « Poueeeêêêêt ! Bing ! ». Et « Dring ! Dring ! », c'est le réveil du Père Noël qui sonne dans *Sacré Père Noël*, de Raymond Briggs (Grasset-Jeunesse) !

27

coloriage

Sur Internet, de nombreux sites proposent des personnages à imprimer et à colorier. Beaucoup sont liés à des dessins animés, mais étaient d'abord les héros de livres pour enfants : Cendrillon, Winnie l'Ourson, Raiponce, Martine, Garfield, Barbapapa, Pinocchio... Le coloriage est un bon point de départ : il amusera votre enfant et lui permettra de s'identifier un peu au personnage. Vous pouvez même imprimer une scène, lui proposer de la colorier et d'imaginer les dialogues ou les pensées des personnages dessinés. Ensuite, retrouvez ensemble le livre qu'il connaît, ou faites-le-lui découvrir !

3+

3-5 ans

28

drôles d'imagiers

Organisez un petit jeu très simple en utilisant un imagier. Montrez deux images côte à côte à votre enfant et demandez-lui ce que c'est. Puis cherchez ensemble un lien rigolo entre ces deux images, début d'une histoire à inventer. Il vous faudra peut-être commencer, jusqu'à ce que votre enfant comprenne le principe. Par exemple, dans *Les Animaux dans le pré*, de Iela Mari (L'École des loisirs), deux pages présentent un hérisson à gauche, un serpent à droite. À partir de là, il est possible d'inventer une petite histoire : par exemple, le serpent a voulu danser avec le hérisson ; mais ce dernier l'a piqué et le serpent n'est pas content.

Plus loin, on peut imaginer qu'en voyant la poule le renard a voulu apprendre à pondre un œuf ! Ce jeu marche aussi avec les abécédaires illustrés. À partir d'une lettre C, par exemple, qui serait illustrée par un croissant, une casserole, un crocodile, une clé et un coq, vous pouvez « rêver » qu'il faut remonter le coq avec la clé pour qu'il chante, que le crocodile n'aime pas les croissants et qu'il a mangé la casserole !...

29

quelle saison ?

Dans les livres pour enfants, la durée de l'action est très variable : elle peut s'étirer sur une journée, des mois, des années, voire un siècle ! Vous pouvez sensibiliser votre enfant à cette notion du temps en lui demandant lorsque vous regardez un album ensemble : « À quel moment de la journée cela se passe-t-il ? » Des détails l'aideront : le père préparant le repas, la lune à travers la fenêtre, la grande sœur faisant ses devoirs… Dans *Mon papa est un héros !*, de Cyril Hahn (Milan Jeunesse), une double page sur deux est consacrée à un moment facilement identifiable de la vie quotidienne d'une fillette qui vit avec son père : le réveil, les courses, le bain…

La double page qui suit représente ce qu'imagine la fillette : son père et elle sont des fantômes, des pirates, des pingouins... et là, les scènes sont intemporelles. Pour d'autres livres, ce sont les saisons qu'on peut jouer à repérer. Par exemple, dans *Préférerais-tu...*, de John Burningham (Kaléidoscope), la neige évoque l'hiver, un pique-nique sur une rivière l'été, le brouillard l'automne, le Père Noël l'hiver... même si tout ce que l'album raconte est très fantaisiste !

30

images imaginaires

Les livres pour enfants sont le théâtre d'événements extraordinaires : magiques, quand la fée marraine de Cendrillon transforme la citrouille en carrosse ; fantastiques lorsqu'un enfant se met à dialoguer avec un jouet ; ou simplement bizarres quand un éléphant se prend pour un chat. Parfois, c'est le héros du livre qui imagine quelque chose de bizarre... C'est une bonne occasion de parler avec votre enfant de ce qui est vraisemblable : « Est-ce que ça peut arriver pour de vrai ? » Dans *À table !*, de Rebecca Cobb (Kaléidoscope), par exemple, une fillette trouve le temps bien long à table. Soudain, un crocodile apparaît et lui demande s'il peut finir son assiette. Puis un ours arrive pour goûter le plat à son tour, enfin un loup qui aime les pommes. Demandez à votre enfant si cela peut exister... de préférence le soir au moment du dîner !

3+

3-5 ans

31

inverser les rôles

Entre 3 et 5 ans, le petit enfant aime encore retrouver la vie quotidienne d'un personnage qui ressemble à la sienne : Petit Ours Brun, Mimi ou T'choupi... Chacun découvre la campagne, la mer, va chez le docteur, au zoo ou à la ferme. Mais votre enfant est aussi capable de rire quand la situation est inversée et que des adultes se comportent comme des enfants. Par exemple, dans *Piiips !*, d'Anne-Isabelle Le Touzé (Pastel), Pips, l'enfant, vient de se coucher lorsqu'il entend « Piiips !! ». C'est sa mère qui veut un verre d'eau, puis son père qui a perdu son doudou, et ainsi de suite. Essayez à votre tour !

32

le chat m'a demandé

Dans beaucoup de livres pour enfants, les héros sont des animaux qui se comportent comme des humains, Babar l'éléphant, par exemple, ou Loulou, le petit loup. Le jeune enfant va bientôt comprendre que les animaux ne parlent que dans les livres et pas dans la réalité. Mais rien ne vous empêche de jouer aux animaux qui parlent ! Avant de commencer, vous pouvez déclarer : « Allez, ouvre le bec ! On fait parler les bêtes ! » Puis enchaînez : « J'ai rencontré un chat, il m'a demandé si je n'avais pas vu de souris par ici... » À votre enfant de continuer : « Moi, j'ai rencontré une souris qui m'a dit... », et ainsi de suite...

33
métamorphose

Quand il vous écoute lire un livre, votre enfant vit souvent intensément l'histoire, n'hésitant pas à se prendre pour le personnage principal. Vous pouvez l'aider à poursuivre ce plaisir, par exemple à partir de *C'est nul d'être un lapin !*, de Marie-Sabine Roger et Nathalie Dieterlé (Nathan) : dans cet album, Carolin, le lapin, en a assez de sa vie ; il énumère tout ce qui lui déplaît et décide de se transformer en un « terrible lapin-lion »... jusqu'au moment où il tombe d'un arbre et pleure ; il sera finalement bien content de retrouver les câlins de ses parents et sa vie d'avant.

3+

3-5 ans

Pour ce jeu, demandez à votre enfant :
« Si tu n'étais pas un enfant, quel animal voudrais-tu être ? » Qu'il vous réponde un chat, une girafe, un éléphant ou même une puce, montrez-lui alors comment marcher, « parler », manger... Pourquoi ne pas fabriquer ensuite un costume ou des accessoires ?
Racontez pour finir à deux voix ce qui arrive à cet animal !

34

humaniser un animal

Proposez à votre enfant de choisir un animal qu'il a déjà eu l'occasion d'observer : un écureuil, un crabe, un lapin, un rouge-gorge, un poisson rouge... et demandez-lui de l'humaniser, c'est-à-dire de lui prêter des comportements humains : « Si tu étais un lapin, comment t'appellerais-tu ? Où habiterais-tu ? Qu'est-ce que tu mangerais ? Comment serais-tu habillé ? »... Par la suite, quand votre enfant croisera dans un livre ce petit animal « humanisé », il se dira que lui aussi a déjà été moitié enfant, moitié animal !

35

mettre en mots un livre sans texte

Votre enfant aimera beaucoup vous raconter lui-même une histoire en « lisant » les images d'un album sans texte. *Partie de pêche*, de Béatrice Rodriguez (Autrement), montre un frigo vide à la première page, puis deux personnages – une poule et un crabe – partant à la pêche. Les péripéties se multiplient ensuite : le poisson pêché est saisi par un oiseau qui emporte en même temps ligne, pêcheur et crabe dans les airs, puis les dépose dans son nid ; les oisillons les rejettent à la mer... Laissez-vous porter par l'imagination de votre petit conteur !

36
la fin de l'histoire

3+

3-5 ans

La fin d'un livre pour enfants réserve souvent un rebondissement inattendu, une chute... ce qui peut donner l'occasion d'un jeu où vous lirez à votre enfant le début d'un livre, dont il imaginera la fin ! Partez par exemple de *Mon petit enfant de compagnie*, de Loïc Méhée (Les 400 coups). Dans cet album, le petit héros est traité comme un hamster par Ratounet, son maître : il vit en cage, mange des graines... Au milieu de l'histoire, la mère de Ratounet demande à son fils de laisser un peu en paix son « enfant de compagnie », lui expliquant qu'il n'aimerait sûrement pas être traité ainsi. Ratounet réfléchit et... Arrêtez-vous à ce moment de la lecture, pour que votre enfant imagine la suite : «À ton avis, comment cela finit-il ?» Dans le livre, Ratounet se procure un autre enfant de compagnie, une fille qui vit dans un aquarium. Mais dans l'imagination de votre enfant, tout est possible !

37

inventer une comptine

Après une promenade (à la mer, à la montagne...), une rencontre (avec des amis... ou même un troupeau de moutons !), ou à l'occasion de n'importe quel événement, proposez à votre enfant d'inventer une comptine. Vous pouvez commencer avec des rimes en i, faciles à trouver. Par exemple, vous inspirant d'un paysage hivernal :

– Le bonhomme de neige m'a dit
Il me manque des sourcils

À votre enfant de continuer, avec la même rime :

– Alors j'ai pris du persil
Et sur sa tête je l'ai mis...

Face à un troupeau de moutons, vous pouvez imaginer par exemple une comptine avec des rimes plus compliquées, en ène :

Les moutons sont dans la plaine
Ils ont chaud avec leur laine
On voit bien que ça les gêne
Et ça me fait de la peine

Très vite, l'enfant se familiarise avec ce jeu et joue avec la langue !

38

écrire la suite

Beaucoup d'histoires connues ont inspiré des auteurs qui en ont imaginé des suites avec les mêmes personnages ou leurs « cousins » : Bruno Heitz, partant de Babar, a ainsi publié un album intitulé *Les Avatars du roi Tatar* (Circonflexe) dans lequel Tatar est un hippopotame ; Claire Franek s'est inspirée de Oui-Oui et de Petit Ours Brun pour *Non-Non et Grand Ours Blanc* (Thierry Magnier). Un peu différemment, toute une collection, chez Albin Michel Jeunesse, raconte « ce qui se passe après la fin du conte ».

Commencez par faire découvrir à votre enfant
un conte classique, puis demandez-lui
d'en imaginer une suite et enfin faites-lui connaître
un livre qui s'en inspire. Il sera ravi ! Par exemple,
après lui avoir lu *Boucle d'or et les trois ours*,
demandez-lui ce qu'il ferait s'il était le petit ours
après le départ de Boucle d'or. Proposez-lui enfin
La Revanche des trois ours, d'Alan MacDonald
et Gwyneth Williamson (Mijade).

39

souvent conte varie

Les contes traversent les pays, les cultures et les époques, et bien des points diffèrent selon les versions. Par exemple, dans la version ancienne des *Trois Petits Cochons*, les deux premiers sont mangés par le loup, et le troisième mange le loup qui est tombé dans sa marmite. On sait aussi que les versions américaines de certains contes anglais sont par exemple très édulcorées. *Le Petit Chaperon rouge* conté par Charles Perrault est mangé par le loup et le conte s'arrête là, alors que dans la version allemande, des frères Grimm, on ouvre le ventre du loup pour sauver l'héroïne et sa grand-mère.

Ce qui peut être à la fois intéressant et amusant est de demander à votre enfant de repérer lui-même les différences entre les versions. Par exemple avec le conte *La Moufle* : un animal trouve une moufle dans la neige, s'y réfugie, puis un deuxième personnage arrive, un troisième, et ainsi de suite, jusqu'à ce que, à la fin, la moufle soit complètement déchirée. Comme il existe au moins une dizaine de versions publiées de ce conte, vous pourrez en montrer plusieurs à votre enfant. Il remarquera que les animaux ne sont pas les mêmes, qu'ils sont de plus en plus petits ou de plus en plus gros, etc.

40
l'histoire derrière l'histoire

À force d'entendre la même histoire, les enfants finissent par la connaître du début à la fin, dans tous ses détails. Or, dans certains livres malicieux, une seconde histoire est cachée derrière la première. La couverture de l'album *Le Petit Poisson rouge*, d'Éric Battut (L'Élan vert), représente ainsi un poisson rouge avec un petit panier accroché à la nageoire. On pense donc au Petit Chaperon rouge, et il n'y a plus de doute quand la maman du poisson lui demande d'apporter un « panier rempli de crevettes » à sa grand-mère malade. Généralement, les enfants reconnaissent vite l'histoire cachée, et c'est un plaisir supplémentaire pour eux !

3+

3-5 ans

Dans *La Clé*, d'Isabelle Flas et Annick Masson (Mijade), c'est un conte qui est caché derrière l'histoire, celui de *La Chèvre et les sept biquets* – le loup y mange les biquets, sauf le petit, caché dans l'horloge, mais la maman chèvre opérera le loup pour récupérer ses enfants. Faites découvrir d'abord le conte classique à votre enfant, ensuite l'album qui le détourne : il trouvera bien des éléments communs aux deux histoires, et son plaisir en sera augmenté !

5-7 ans

L'enfant apprend à lire entre 5 et 7 ans. Il apprend d'abord à reconnaître les lettres, puis à les assembler jusqu'à ce qu'elles forment des syllabes puis des mots qu'il comprend. Ensuite, c'est une affaire de pratique : plus votre enfant lira, plus cela deviendra facile pour lui. Et vous avez alors un important rôle à jouer, pour l'encourager, sans l'obliger. Cependant, la pratique de la lecture s'accompagne de nombreuses autres capacités : comprendre, par exemple, que beaucoup de personnages de livres ont une double personnalité, celle de leur apparence animale et celle de leur comportement humain ; ou être capable de rire face à certaines situations ou certaines façons d'utiliser le langage. Votre enfant va aussi se rendre compte que dans les livres, derrière les personnages, il y a quelqu'un qui raconte l'histoire, un narrateur. C'est enfin l'âge où l'enfant découvre de nouveaux plaisirs dans la lecture, à commencer par celui de la liberté : être capable de lire, tout seul, ce qu'il veut – même si c'est encore difficile –, ou, d'un livre à l'autre, retrouver les mêmes personnages, comme une sorte de famille supplémentaire.

41

promenade pile ou face

Les jeunes lecteurs prennent beaucoup de plaisir à entrer dans la peau des personnages dont ils lisent les aventures. Pour s'amuser encore un peu plus, pourquoi ne pas faire, « en vrai » – ou presque –, ce qui est raconté dans tel ou tel livre ? Il peut s'agir d'une recette de cuisine, d'une visite au zoo, mais aussi d'une « expédition » où les meubles du salon deviennent une grotte, une montagne, un fleuve, une forêt...

Dans *Les Sous de Zou*, de Michel Gay (L'École des loisirs), deux enfants se promènent en ville avec leur père, et à chaque croisement de rues ils jouent à pile ou face pour savoir s'ils vont partir à gauche ou à droite. Vous pouvez faire de même avec votre enfant : il lira le livre avec plus de plaisir encore !

42

le premier qui rira

Proposez à votre enfant de lire un livre drôle qu'il connaît déjà, mais accompagné cette fois d'une règle absolue : défense de rire ! Et décidez d'un gage à donner au premier de vous deux qui rira : ranger sa chambre ou faire la vaisselle, par exemple. Cherchez ensuite conseil en bibliothèque ou en librairie pour trouver un livre amusant et demandez à votre enfant de vous le lire : à l'idée de vous voir rire, il sera soudain beaucoup plus motivé !

43

domino des livres

Voici un jeu destiné à faire manipuler à votre enfant beaucoup de livres et qui peut se pratiquer en bibliothèque, avec les albums proposés dans les bacs (où il faudra les remettre ensuite !). Il s'inspire des dominos : posez par terre un premier album. Votre enfant doit alors en trouver un autre ayant un point commun avec le premier – le même éditeur, le même auteur, un dessin du même animal, des illustrations en noir et blanc, un même nombre de mots dans le titre, etc. En posant son livre, votre enfant doit expliquer ce point commun. C'est ensuite à vous de rejouer, puis à votre enfant, et ainsi de suite alternativement. Souvent, en pratiquant ce jeu, l'enfant repère un ou deux livres qu'il aura envie de feuilleter, et peut-être même de lire.

5+

5-7 ans

44

classer les loups

Rassemblez une dizaine de livres mettant en scène un loup (ce qui est assez facile à trouver !) et proposez ceci à votre enfant : « Je voudrais qu'on s'amuse à faire deux piles de ces loups, une pour les loups méchants, une pour les loups gentils. » Ce n'est pas si simple qu'il y paraît – c'est d'ailleurs un avantage du jeu –, car il n'est pas évident de savoir si un loup qui mange des animaux (comme des humains) est « gentil » ou « méchant » ! Surtout, pour arriver à ce classement, il faut relire avec attention les livres choisis, ce qui est très profitable au jeune lecteur. Une autre fois, vous pourrez jouer à classer les sorcières ou les princesses.

45

inventer le texte d'un livre tout image

On croit souvent que les livres sans texte ne s'adressent qu'aux très jeunes enfants. C'est vrai pour les plus simples d'entre eux, par exemple *Le Chat et le Poisson*, d'André Dahan (Mijade), une histoire d'amour entre deux animaux que tout sépare. Mais dans de nombreux cas le récit est complexe, les personnages sont originaux, et c'est au lecteur d'inventer son histoire. En demandant à votre enfant de vous raconter l'histoire d'un livre à partir des seules images, vous l'incitez à inventer le texte.

En regardant par exemple *La Revanche du clown*, de Sara (Thierry Magnier), une auteure qui a publié des dizaines d'albums en utilisant la seule technique du papier déchiré, et en en tournant les pages, il est très facile d'inventer une histoire : « Il y avait une panthère noire, dans un cirque, qu'un dompteur faisait tourner en rond sur la piste, avec des lions et des éléphants. Il y avait aussi une acrobate qui montait debout sur un cheval, et un clown amoureux de l'acrobate. Mais quand le clown voulait aussi monter sur un cheval, il s'écroulait par terre... »

46

entre deux pages

Que se passe-t-il entre deux pages ? Un lecteur chevronné, sans même s'en rendre compte, « prédit » la suite – ou même en invente plusieurs – et c'est cela qui permet à l'histoire de continuer dans sa tête, exactement comme si elle était racontée en continu. Aidez votre enfant à lire le début du livre – ou lisez-le-lui vous-même s'il n'a pas encore appris – et quand l'histoire sera installée, avant de tourner une nouvelle page, posez-lui des questions comme « Tu crois que le petit garçon va se sauver ? » ou « À ton avis, que va faire le canard ? ». Cette activité peut se pratiquer avec n'importe quel livre.

Voici deux exemples, pour bien préciser la méthode. Dans *Monstres en ville*, de Frédéric Laurent (Balivernes Éditions), un enfant dit qu'il s'ennuie, que tout est triste, et les images de cet album représentent effectivement une rue grise.

L'enfant décide d'aller se promener et trouve une boîte. « Qu'y a-t-il dedans ? » se demande-t-il. C'est justement la question que vous poserez à votre enfant. Dans la boîte, il y a des couleurs qui, plus loin, deviendront des personnages, voire des monstres. Dans *C'est pas moi, c'est mon loup !*, de Mily Cabrol et Amélie Graux (Milan), chaque fois que l'héroïne fait des bêtises, elle accuse un loup que personne ne voit. Au milieu de l'album, la maman de l'héroïne trouve une façon de se débarrasser de ce « loup ». Avant de tourner la page, demandez à votre enfant d'imaginer ce que va faire la maman...

47

trouver un accessoire

Au moment de l'apprentissage de la lecture, votre enfant a besoin de lire et de relire des livres tout seul, pour que lire devienne facile. Plutôt que de l'y obliger, ce qui gâcherait son plaisir, proposez-lui ce petit jeu. Choisissez un élément en lien avec un de ses livres, par exemple un panier pour *Le Petit Chaperon rouge* ou une poire pour *La Belle Lisse Poire du prince de Motordu*, de Pef (Gallimard), et lancez-lui comme un défi : « Voici un objet qui fait penser à l'un de tes livres, sauras-tu trouver lequel ? » Cela va l'inciter à aller fouiller parmi ses livres, et au passage à en relire certains – ce qui est bien le but du jeu !

Il ne faut donc pas que
ce soit trop facile. On peut d'ailleurs aussi
ajouter des échéances et des gages :
« Si tu ne trouves pas avant telle heure,
tu devras mettre la table... »
Ce sera ensuite à votre enfant de vous lancer
un semblable défi à partir d'un élément.
À vous de jouer... et de relire !

48

inventer un personnage

À force de se faire lire des livres, ou de les lire lui-même quand il commence à savoir lire, votre enfant sait ce qu'est le personnage d'une histoire. Il est sûrement capable d'en inventer un à son tour ! Pour l'y aider, vous pouvez lui dire : « Je voudrais qu'on invente tous les deux une histoire à nous, différente de celles qu'on trouve dans les livres. Pour cela, nous devons imaginer un personnage. Comment le vois-tu ? Jeune, vieux, grand, petit, garçon, fille ? » C'est en posant ainsi des questions précises que vous l'aidez le mieux à faire des choix. Commencez par les aspects physiques du personnage (par exemple, c'est une fille de 6 ans, petite, et elle porte toujours une salopette jaune soleil et un chouchou de la même couleur dans les cheveux), et passez ensuite à ses qualités et ses défauts (Ment-elle facilement ? Se met-elle en colère ?...). Les questions suivantes permettront de donner de nouveaux détails (Est-elle gourmande ? Quelles chaussures aime-t-elle ?...), pour finir par : « Comment s'appelle-t-elle ? » Proposez alors à votre enfant de dessiner ce personnage, ensuite de le décrire avec des mots « comme dans un livre ». Et s'il se prend complètement au jeu, vous pourrez finalement inventer ensemble l'histoire qui lui est liée.

49

en auto

Lorsqu'un enfant commence à lire seul, il aime bien se rappeler les livres qu'il a lus. Il peut en faire la liste ou même, pour les plus grands, tenir à jour un cahier de lecture, dans lequel en plus du titre du livre il recopiera une phrase qui lui a plu, dessinera un personnage ou écrira un résumé de l'histoire. Cela est très important, car cette mémoire écrite lui servira aussi à mesurer la « distance » parcourue dans le domaine de la lecture.

Pendant un long trajet en voiture, activez cette mémoire et défiez les enfants présents : « Qui sera le premier à pouvoir me citer cinq livres qu'il a vraiment lus ? Attention ! On ne triche pas ! »

5+

5-7 ans

50

les portraits

Voici une version littéraire du jeu des portraits : l'un des joueurs choisit dans sa tête un personnage tiré d'un livre : Babar, Harry Potter, Garfield, la Schtroumpfette, Alice, Pinocchio... Les autres joueurs lui posent des questions pour découvrir ce personnage, mais il ne peut y répondre que par « oui » ou « non ». Généralement, les joueurs commencent par demander si c'est un animal, un humain, un garçon ou une fille. Ils veulent savoir ensuite si il ou elle a des pouvoirs magiques. Lorsque c'est vraiment difficile, une ou quelques lettres de son nom peuvent être révélées.

51

Raiponce

Raiponce est le nom d'une héroïne d'un conte de Grimm, dans lequel une jeune fille est enfermée par une sorcière au sommet d'une haute tour. Un prince aperçoit la prisonnière, en tombe amoureux, et tente de la délivrer. Votre enfant connaît sûrement le film. L'été, la plage est un excellent endroit pour aborder cette histoire, car en aidant votre enfant à construire le traditionnel château de sable, qui comportera une tour, vous pourrez lui raconter le conte original – éventuellement à deux voix si votre enfant le connaît déjà. Vous pourrez également fabriquer ensemble les principaux personnages, avec des coquillages, des algues...

La dernière étape se déroulera en bibliothèque, où il ne devrait pas être difficile de trouver un des nombreux albums illustrés de ce conte. Votre enfant aura plaisir à redécouvrir une histoire qu'il connaît et qui lui rappellera le moment agréable qu'il aura passé à vos côtés.

52

fabriquer un petit livre

L'enfant a besoin de raconter abondamment ce qu'il ressent avec force. Il explique avec ses propres mots combien telle chose était agréable ou terrifiante, pourquoi il a ri ou eu peur. Pourquoi ne pas faire de l'une de ces expériences une histoire, puis un petit livre que vous aiderez votre enfant à réaliser ? Laissez celui-ci raconter l'aventure du petit héros... qui portera évidemment son prénom. Pliez en trois une feuille de papier A4, découpez les feuilles pour obtenir un petit livre de seize pages. Il ne reste plus qu'à écrire et à dessiner !

5+

5-7 ans

53

construire le décor d'un livre

Avec du papier, du carton, de la colle, des ciseaux et des feutres ou de la peinture, votre enfant aura plaisir à construire en trois dimensions ce qui est décrit dans un livre. L'intérêt de cette activité est d'aider l'enfant à être attentif aux détails. La première fois, proposez-lui plutôt de partir d'un album dont les images le guideront : la maisonnette au milieu de la forêt de *La Galette à l'escampette*, de Geoffroy de Pennart (Kaléidoscope), le pont artisanal de *Bascule*, de Yuichi Kimura et Koshiro Hata (Didier Jeunesse), etc.

5+

5-7 ans

Mais il peut être plus intéressant de choisir
un court roman, où les illustrations
sont rares, car votre enfant devra
alors se baser essentiellement sur le texte
pour imaginer le décor.
Vous l'aiderez, bien sûr, à lire le roman
si cela est nécessaire. Dans *Le Château des enfants gris*, de Christian Grenier (Nathan),
par exemple, il est question d'un sentier au milieu
d'une forêt de sapins, qui mène à un château
avec douze fenêtres et une haute tour pointue.
Il y a aussi un étang, un cygne...

54

se mettre au vert

Voici un jeu à réserver pour les jours de pluie à la campagne. À tour de rôle, chaque joueur doit inventer une courte histoire où la couleur verte tient un rôle important. On peut s'inspirer d'histoires connues, d'un personnage célèbre (Hulk, par exemple), voire de publicités, l'essentiel étant de rester dans le thème du vert. Ainsi naîtront les histoires du géant vert, de la maison verte, de la fille aux yeux verts, du vampire aux dents vertes ou du garçon-haricot vert !

Plus tard, en bibliothèque, votre enfant découvrira avec plaisir de vrais « livres verts » : *Le Petit Chaperon Vert*, *Schtroumpf vert et vert schtroumpf*, *Le Magicien vert*, *Le Grand Livre vert* ou *Le Bateau vert*.

55
questions existentielles

Le petit enfant, très curieux, se pose beaucoup de questions et en pose à ses parents, parfois à longueur de journée. Derrière certaines questions apparemment anodines, les parents perçoivent souvent des interrogations plus profondes, auxquelles il n'est pas toujours facile de répondre. Aidez-vous de livres qui racontent des histoires attendrissantes, drôles ou émouvantes, et qui abordent en même temps subtilement des questions difficiles comme la mort, l'amour, les bébés, le racisme ou la déportation. N'ayez pas peur que ces sujets traumatisent les enfants. Le vrai problème pour eux, c'est de ne pas savoir comment demander ou de ne pas avoir de réponse.

Lire une histoire ensemble rend le dialogue beaucoup plus facile, et vous trouverez toujours auprès des bibliothécaires une mine de renseignements sur ces thèmes « compliqués ». Voici deux exemples intéressants : *Un bébé, dans le ventre de maman ?*, de Stephanie Blake (L'École des loisirs), est un album drôle où les jeunes héros se posent des questions sur les bébés et qui vous aidera à aborder le sujet de la naissance. Dans un tout autre genre, *Le Petit Garçon étoile*, de Rachel Hausfater-Douïeb et Olivier Latyk (Casterman), est un livre terrible sur la déportation, mais où la poésie est présente et qui finit bien.

56

à qui la faute ?

Dans beaucoup de livres pour enfants, des catastrophes s'enchaînent en cascade et le lecteur peut se demander qui en est le responsable – c'est par exemple le cas dans l'album de Christian Voltz intitulé *C'est pas ma faute !* (Rouergue). Mais on peut jouer à chercher le coupable des catastrophes ou des problèmes pratiquement dans n'importe quel livre ou conte traditionnel. Ainsi, à qui la faute si deux des trois petits cochons se font manger : est-ce à cause du loup ou à cause des deux frères qui, par paresse, construisent mal leur maison ?

Ou encore, à qui la faute si le Petit Prince a l'air de mourir à la fin du livre : est-ce à cause de lui-même, qui veut retourner chez lui, à cause du serpent qui le mord, ou à cause de la rose qu'il aime et qui va périr s'il ne s'en occupe pas ? Voilà une excellente façon de réfléchir avec votre enfant à la façon d'imaginer les différentes péripéties d'une histoire.

57

jouer avec les mots

Sans le A, de Michaël Escoffier et Kris Di Giacomo (Kaléidoscope), est un « anti-abécédaire ». L'idée est simple : il suffit d'enlever une lettre à un mot pour qu'il devienne un autre mot : en ôtant le a, « carotte » devient « crotte », et sans le h, « chouette » devient « couette ». Au moment où votre enfant apprend à lire, c'est un livre intéressant à lui faire découvrir, il s'en amusera et percevra qu'à une lettre près les mots changent complètement de sens. Vous pouvez jouer ensemble à ce jeu avec un dictionnaire pour enfants. Ouvrez-le au hasard et cherchez si l'un des mots de la page peut en créer un autre : « ras » peut devenir « as », « éprouver », « prouver », et « casse-croûte », « casse-route ».

58

petit livre, grand film

Il est toujours impressionnant, pour un enfant, de réaliser qu'un grand film comme *Jumanji*, *Le Pôle express* ou *Max et les Maximonstres* a d'abord été un petit album. Commencez par faire découvrir le film à votre enfant, puis montrez-lui l'album qui a servi de point de départ. Proposez-lui alors de comparer l'album et le film. Il se rendra sans doute compte que pour passer de l'un à l'autre il a fallu ajouter des personnages et des péripéties, en supprimer d'autres, en remanier d'autres encore.

59

rêver avec la tour Eiffel

Lorsqu'on lit, on ne se contente pas de comprendre une histoire, on rêve tout autour – en se glissant dans la peau du héros, en introduisant dans le récit ses propres paysages, ses lieux ou en imaginant qu'on vit vraiment ce qui est écrit !

Dans *La tour Eiffel a des ailes !*, de Mymi Doinet et Aurélien Débat (Nathan), notre monument national a envie de prendre des vacances ; alors, à grands bonds, elle part en Normandie, où il lui arrive quelques aventures... En lisant ce livre avec votre enfant, vous pouvez imaginer qu'un autre monument – le lion de Belfort, la cathédrale de Chartres, le château de Chambord... – part en vacances... à Paris cette fois.

5+
5-7 ans

Que lui arrive-t-il ? Cet album est aussi l'occasion de découvrir que de nombreux artistes ont imaginé ces différents monuments : Robert Delaunay, par exemple, a souvent peint la tour Eiffel, avec des couleurs vives, et on a chaque fois l'impression qu'elle est prête à s'envoler. On peut également rêver avec les statues de l'île de Pâques, le mont Rushmore ou la statue de la Liberté, aux États-Unis, en accompagnant Nathalie, l'héroïne de bandes dessinées à son nom (Casterman), dans ses voyages imaginaires autour du monde.

60

la chasse aux contes

Il arrive que des personnages de contes passent au beau milieu de livres pour enfants ! Proposez donc à votre enfant de les repérer dans *Mais qui veut la peau des ours nains ?*, d'Émile Bravo (Seuil Jeunesse). Il est aisé de reconnaître Barbe-Bleue, le loup ou le diable, mais pour identifier Blanche-Neige, qui a ici l'apparence d'une ménagère, votre enfant devra être attentif à ce qui se dit : « Rappelle-toi, un chasseur devait t'arracher le cœur ! » Il n'est pas non plus facile de reconnaître Peau d'Âne, et encore moins Peau d'ours, issu d'un conte des frères Grimm. Et reconnaîtra-t-il l'âne, le chien, le coq et le chat, héros des *Musiciens de Brême* ? C'est une très bonne occasion de lire ou de relire tous ces contes !

7-10 ans

Maintenant, votre enfant sait lire – avec plus ou moins d'aisance –, mais il doit justement lire souvent pour que cela devienne facile. S'il est fâché avec la lecture, il n'est pas trop tard pour le réconcilier avec celle-ci en lui proposant des jeux, en le motivant, en lui faisant découvrir des titres qui peuvent l'intéresser. S'il aime déjà lire, il va commencer à distinguer les différents genres – policier, sentimental, science-fiction, aventure, fantastique, historique... –, se rendre compte aussi que les livres sont très variés,

et qu'en dehors des contes, des albums et des romans il existe des recueils de poèmes et des anthologies, des pièces de théâtre, ainsi qu'une grande variété de bandes dessinées. C'est aussi à cet âge que le jeune lecteur commence à faire la distinction entre celui qui raconte l'histoire dans le livre, le narrateur, et celui qui l'a écrit, l'auteur.
Le rôle des parents est donc tout aussi important qu'avant pour aider l'enfant soit à franchir le cap de la lecture-plaisir, soit à favoriser ses découvertes.

61

surprendre pour motiver

Si votre enfant n'est pas attiré par la lecture, cela ne sert pas à grand-chose de tenter de le convaincre avec des arguments « raisonnables ». Il vaut mieux essayer de l'étonner, et beaucoup d'albums s'y prêtent particulièrement bien, à l'exemple de *Mon chat le plus bête du monde*, de Gilles Bachelet (Seuil Jeunesse). Le jeu consiste à lire à votre enfant le début du texte, sans lui montrer les images, et en les lui laissant imaginer dans sa tête. Le texte décrit un animal de compagnie fort ordinaire : « Mon chat est très gros, très gentil et très très bête », qui « mange, dort, se vautre sur le canapé »...

Après quelques pages, revenez au début, et montrez les images cette fois. Votre enfant découvrira alors que le « chat » annoncé est un éléphant, ce qui naturellement crée un effet comique irrésistible. Alors il aura envie de continuer seul à lire cet album. Puis, peut-être, d'en chercher d'autres aussi surprenants !

7+

7-10 ans

62

nourrir sa passion

Qu'il s'agisse d'animaux, d'astronomie, de sport, d'histoire, de sciences..., votre enfant nourrit sa curiosité en regardant certaines chaînes de télévision, des sites internet, ou en parcourant des magazines. Or, il existe des livres – romans ou documentaires – qui lui parleront également très bien de sa passion. À un jeune footballeur en herbe, proposez ainsi un roman sur le sujet (par exemple *En avant foot* chez Nathan). Certains documentaires proposent même des petits « plus » très attractifs, comme une vraie loupe dans *Reptiles, un monde extraordinaire à explorer à la loupe* (Milan Jeunesse). À vous de bien choisir !

7+

7-10 ans

63

l'histoire du soir

On pense souvent que « l'histoire du soir » est réservée aux très jeunes enfants. Pas forcément. Si votre grand ou votre grande ne lit pratiquement jamais seul(e), vous pouvez « l'appâter » en lui lisant chaque soir non pas un album ou un conte, mais le chapitre d'un roman à suspense. Après quoi, laissez traîner le roman à portée de sa main. Si votre enfant est suffisamment séduit par l'histoire racontée quotidiennement, il peut très bien s'emparer du livre et le poursuivre seul. Le court roman intitulé *Lisa a disparu*, de Jo Hoestlandt (Nathan), offre précisément un excellent suspense : la fugue de Lisa y est racontée successivement par dix personnes différentes, dont un chien et... la lune. Chaque fois, on en apprend davantage sur la fillette et il est vraiment difficile de s'arrêter !

64

faites-vous lire une histoire

Certains parents ne lisent pas, ou lisent difficilement, le français. Cela ne les empêche pas de s'intéresser aux livres. Si c'est votre cas, n'hésitez pas à demander à votre enfant de vous lire chaque jour un passage de roman. Cela lui sera très profitable, car il améliorera ainsi sa capacité à lire vite et bien. C'est aussi une excellente motivation pour lui, qui se sent utile. Le plaisir est donc partagé entre enfant et parents.

En ce qui me concerne, c'est justement en lisant des romans à ma mère – qui ne lisait pas le français – qu'est né mon goût pour la lecture !

65

lire à un plus petit

Pourquoi ne pas confier au grand frère ou à la grande sœur l'histoire du soir attendue par le plus jeune dans son lit ? Les albums sont plus simples que les livres étudiés à l'école, les phrases y sont souvent plus courtes, le vocabulaire y est plus facile. Si cette séance de lecture se reproduit chaque soir, elle constituera, sans en avoir l'air, un entraînement régulier pour le plus grand – la meilleure façon d'améliorer sa capacité à lire ! C'est une méthode bien plus agréable que celle qui consiste à obliger votre enfant en difficulté à lire chaque soir avec vous, rarement à l'origine de bons résultats.

66

le mot bizarre

Pour ce jeu, il vous faut choisir un mot bizarre tiré d'un livre que ne connaît pas votre enfant, par exemple le « lavocochon », titre d'un album sans texte d'Arthur Geisert (Autrement) qui met en scène un village peuplé d'enfants-cochons. Lancez à votre enfant : « Dans la ferme à Mathurin, on vient de livrer un lavocochon. À ton avis que va-t-il se passer ? » À lui d'inventer une histoire à partir de ce que lui inspire le mot. Montrez-lui ensuite le livre et demandez-lui de vous raconter l'histoire telle qu'il la comprend à partir des images.

Il existe toutes sortes de mots bizarres qui permettront de varier ce jeu à l'infini : le « berger d'enfants » dans *Capitaine des myrtilles*, un recueil de poèmes de Daniel Biga (Cadex), le « contrôleur d'ongles » du *Chien invisible*, de Claude Ponti (L'École des loisirs), « mouches-culottes » dans *Motordu papa*, de Pef (Gallimard)...

67

du livre à la peinture

Les peintres inspirent souvent les auteurs de livres pour enfants. Ainsi, *Pour l'amour de Vincent*, de Brenda V. Northeast (Mango), raconte l'histoire d'un nounours dont la vie ressemble tout à fait à celle du peintre Vincent Van Gogh. Après avoir lu cet album avec votre enfant, cherchez sur Internet les tableaux les plus connus de Van Gogh et comparez-les ensemble aux images de l'album. Chaque page peut être mise en correspondance avec un tableau : la couverture du livre est inspirée du tableau *La Sieste*, la chambre où dort le nounours est celle de Van Gogh à Arles (*La Chambre à coucher*) et la dernière page représente un détail de *La Nuit étoilée*.

Cette petite recherche peut aussi être complétée par une sortie au musée – beaucoup de Van Gogh se trouvent au musée d'Orsay, à Paris.

D'autres livres ont comme point de départ un tableau : par exemple *La Magissorcière et le Tamafumoir*, d'Hélène Kérillis et Vanessa Hié (L'Élan vert/Scérén), inspiré du *Carnaval d'Arlequin*, de Joan Miró, ou la bande dessinée de Jean Binder *Le Chat de Vallotton* (L'École des loisirs).

68

un tableau, deux histoires

Un tableau peut avoir inspiré deux albums (voire plus !). C'est le cas des *Ménines*, du peintre espagnol Vélasquez, qui est à l'origine de *La Princesse et le Peintre*, de Jane Johnson (L'École des loisirs), et de *La Princesse des Ménines*, de Sophie de la Villefromoit (Seuil Jeunesse). Faites une surprise à votre enfant en lui présentant l'un des deux livres et en découvrant, comme dans l'activité précédente, les liens entre l'histoire et le tableau. Quelques jours après, montrez-lui le second livre. Un véritable jeu de comparaison peut alors démarrer.

69
jeux de mots

Les jeux de mots, souvent des expressions à double sens, ajoutent de la drôlerie aux histoires – à condition que votre enfant s'en rende compte ! À vous donc de lui lire avec attention ces formules humoristiques, afin qu'il les remarque. Elles lui donneront un nouveau plaisir de lecture ! Dans l'album *Docteur Biskuit*, de Ronan Badel (L'Élan vert), par exemple, un étrange chat bleu, médecin de son état, reçoit des patients. Le premier, un chien, explique que sa langue ne veut plus rentrer dans sa gueule et que ses copains se moquent de lui ; il précise au médecin : « Z'en bave », ce qui est vrai au propre comme au figuré ! Docteur Biskuit résout le problème en lui fermant la bouche avec des pansements, puis s'exclame : « Ça devrait coller ! »

70

jeux d'images

Dans les albums pour enfants, il arrive que certaines images présentent des détails qui n'ont pas de lien avec l'histoire mais qui ont pourtant du sens. Ils racontent des petites histoires supplémentaires ou sont simplement un clin d'œil que l'illustrateur adresse au lecteur. Si votre enfant lit trop vite ou de manière trop superficielle, il ne les remarquera pas. À vous alors de l'y aider, comme pour l'activité précédente. Par exemple, dans *Le Livre d'En Bas*, de Pierre Touron (Balivernes Éditions), le héros, qui aime les livres effrayants, va se trouver entraîné dans une aventure terrifiante à la bibliothèque.

Dès la première page, alors qu'il lit un livre dans sa chambre, des ombres monstrueuses se détachent sur le mur. Quelques pages plus loin, on aperçoit Tintin et Milou à la bibliothèque, venus choisir une bande dessinée. Et à l'arrière-plan de la dernière page, un adulte joue à la marelle... Dans *Une histoire à quatre voix*, d'Anthony Browne (Kaléidoscope), sans lien avec le récit, les images montrent un arbre rouge qui se révèle être une flamme et d'autres qui ont des allures de pommes ou de têtes de singe ; ailleurs, c'est Mary Poppins qui passe dans le ciel lointain ou King Kong posé sur le toit d'un immeuble...

71

la chasse aux livres

Rendez-vous en bibliothèque et choisissez d'abord sans votre enfant cinq livres que vous souhaiteriez qu'il découvre. Photocopiez-en les couvertures. Donnez-lui-en une ensuite, en lui disant : « Tu as dix minutes pour trouver ce livre tout seul ! » Ce jeu lui fera parcourir toute la bibliothèque et explorer les rayons et les bacs qu'il ne regarde jamais. Quand, triomphant, il vous rapportera le livre en question, lisez-le ensemble. Passez ensuite aux autres couvertures !

7+

7-10 ans

72

réaliser une affiche

Quand votre enfant aime vraiment un livre, il en parle sans doute souvent, a envie de le relire et de le faire lire par d'autres. Proposez-lui de réaliser une affiche à la « gloire » de ce livre, comme une affiche publicitaire. Outre le titre et le nom de l'auteur, il pourra y ajouter des dessins, des extraits, des phrases d'accroche, mais aussi des collages, des photos, des rêveries qui lui sont propres... Accrochez au mur l'affiche terminée, chez vous, ou proposez-la à une bibliothèque, qui sera ravie d'afficher l'opinion d'un jeune lecteur.

73

jouer à Noé

Pour commencer ce jeu, dites à votre enfant : « Un nouveau déluge est proche et il faut sauver les animaux. Mais ta barque est petite et tu ne peux en prendre que huit. Veux-tu en faire la liste ? » Une fois cette liste terminée, allez chercher en bibliothèque des livres qui mettent en scène les animaux que votre enfant a retenus. Ce jeu lui donnera aussi certainement envie de découvrir de nouveaux livres et de voir que pratiquement chaque espèce animale est représentée : par exemple, le cheval dans *Trèfle d'or*, de Jean-François Chabas (Casterman), la souris dans la série des *Marceau Bonappétit*, de Fanny Joly (Nathan), le mouton dans *Le Mouton Marcel*, de Jean-Luc Coudray (Milan), etc.

74

la course à la sorcière

Voici une activité à pratiquer en bibliothèque et avec un groupe d'enfants. Que les enfants jouent individuellement ou en équipes, dites-leur : « Le premier qui réussira à trouver cinq livres dont l'héroïne est une sorcière a gagné. » Quand le premier enfant ou la première équipe aura rapporté les cinq livres, demandez-leur de vérifier qu'il n'y a pas d'erreur... en les lisant ! Vous pouvez envisager beaucoup de variantes à cette course à la sorcière : la course à la fée, à l'ogre, etc. N'oubliez pas de prévoir une petite récompense pour le gagnant lorsque vous serez rentrés à la maison !

75

l'histoire téléphonée

Ce jeu est connu, mais c'est amusant de le pratiquer à partir d'un livre court – un album ou un très petit roman –, quand toute la famille est réunie. Le premier joueur lit tout seul le livre qui sert de point de départ au jeu. Il le cache ensuite, puis en raconte l'histoire à l'oreille du deuxième joueur, qui la raconte à son tour au troisième, etc. Le dernier raconte « son » histoire à tout le groupe et on la compare alors avec le livre. Rires garantis, car plus il y a de joueurs, plus l'histoire est déformée !

76

la bataille des poèmes

L'enfant associe toujours la poésie à la récitation. Mais il n'a pas vraiment l'habitude de lire des poèmes, tout simplement parce qu'on ne lui en propose pas. Pour aider votre enfant à découvrir le rayon poésie d'une bibliothèque, demandez-lui de trouver, par exemple, « trois poèmes drôles ». Il en lira alors plusieurs et recopiera ceux qu'il trouve les plus amusants. De retour à la maison, il peut en faire la lecture à toute la famille et il sera ravi de voir les sourires de l'assemblée. Vous pouvez aussi lui proposer de chercher des poèmes qui parlent des arbres, des animaux, de l'amour...

77

lire dans une autre langue

Si vous connaissez une langue que votre enfant ne connaît pas (votre langue maternelle ou une langue étrangère), lisez-lui un petit texte (un poème, par exemple) dans celle-ci : cela ouvrira son horizon à une autre culture. L'anthologie *Tour de Terre* en poésie (Rue du monde) rassemble des poèmes du monde entier donnés d'abord dans leur langue d'origine (arabe, vietnamien, turc, albanais, danois, chinois, kabyle, hindi...) puis traduits en français. Dans les bibliothèques et les librairies, on trouve aussi beaucoup d'albums bilingues, même pour les langues régionales comme le breton ou le créole.

78

pareil ou pas ?

Aujourd'hui, beaucoup de livres pour enfants sont accessibles sous des formes très diverses : CD, DVD (film ou dessin animé), bandes dessinées, livres numériques enrichis, parfois pièces de théâtre, voire jeux vidéo. Il arrive d'ailleurs souvent qu'un enfant croie connaître un livre, alors qu'il n'en a vu que le film. Or ce n'est pas pareil ! Le film impose des images, alors qu'on rêve celles d'un livre, qu'on les imagine.

Pour que votre enfant prenne conscience de ces différences, vous pouvez lui proposer un livre et plusieurs de ses adaptations.

Faites-lui découvrir par exemple
Le Petit Prince, d'Antoine de Saint-Exupéry (Gallimard), ensuite l'une de ses versions animées, puis la bande dessinée de Joann Sfar (Gallimard). Demandez-lui ce qui lui rappelle le livre dans chaque nouvelle version, et ce qu'il imaginait autrement. Un bel échange en perspective !

79

le tour du monde en 80 livres

Voici une activité au long cours à laquelle toute la famille peut participer. Pour commencer, affichez un planisphère sur le mur chez vous. Chaque fois qu'un membre de la famille lira un livre, il en indiquera le pays sur la carte à l'aide d'une petite épingle de couleur – il s'agira par exemple de l'Italie pour *Pinocchio*, de Carlo Collodi, de l'Argentine pour *Contes de la forêt vierge*, de Horacio Quiroga (Seuil/Métailié), de la Réunion pour *Pour l'amour de Vanille*, de Christian Grenier (Bayard), et de l'Australie pour *Des crocodiles au paradis*, de Jean-François Chabas (Casterman). La participation de toute la famille motivera les petits comme les grands, et chacun aura envie d'explorer une région du monde encore inconnue. Ce jeu est aussi une excellente façon de parler de ses lectures, et de donner envie aux autres de les découvrir. Pour les pays imaginaires, prévoyez, bien sûr, une petite carte de plus !

80

résoudre une énigme

Dans beaucoup de livres pour enfants, récit à énigme ou policier, un mystère est présent. Pourquoi ne pas en faire un jeu familial ? Un membre de la famille lit aux autres le début d'un de ces livres, jusqu'à ce que l'énigme soit formulée et, avant d'aller plus loin, chacun doit proposer une solution. Un autre joueur poursuit la lecture pour arriver à la résolution. Qui aura trouvé la bonne réponse ? Personne parfois ! *L'Homme à l'oreille coupée*, de Jean-Claude Mourlevat (Thierry Magnier), est un très court roman. Il y est question d'un homme avec une oreille en moins et qui raconte avec conviction une histoire différente chaque fois qu'on lui demande comment c'est arrivé. Quelle est la bonne version ? Qui plus est, la fin réserve une surprise ! Une fois le jeu bien lancé, vous pourrez proposer des livres de plus en plus épais, et des énigmes de plus en plus difficiles, par exemple *Wiggins et le Perroquet muet*, de Béatrice Nicodème (Syros), une enquête policière où le célèbre Sherlock Holmes se fait aider par un enfant de la rue. Enfin, plus tard, vous pourrez vous attaquer à ce qu'on appelle les « meurtres en chambre close », par exemple avec le recueil de nouvelles *Crimes parfaits* (L'École des loisirs).

Bibliographie

- ANGELI May : *Petites mésaventures dans la nature*, Seuil Jeunesse.
- BACHELET Gilles : *Mon chat le plus bête du monde*, Seuil Jeunesse.
- BADEL Ronan : *Docteur Biskuit*, L'Élan vert.
- BATTUT Éric : *Le Petit Poisson rouge*, L'Élan vert.
- BIGA Daniel : *Capitaine des myrtilles*, Cadex.
- BINDER Jean : *Le Chat de Vallotton*, L'École des loisirs.
- BLAKE Jon et SCHEFFLER Axel : *Pourquoi mes pieds sont-ils si grands ?*, Nathan.
- BLAKE Quentin : *Le Bateau vert*, Gallimard Jeunesse.
- BLAKE Stephanie : *Un bébé, dans le ventre de maman ?*, L'École des loisirs.
- BOURGEAU et RAMADIER : *Où est le loup ?*, L'École des loisirs.

• BOUTAN Mila : *Le Jardin de Mila*, L'École des loisirs.

• BRAVO Émile : *Mais qui veut la peau des ours nains ?*, Seuil Jeunesse.

• BRIGGS Raymond : *Sacré Père Noël*, Grasset-Jeunesse.

• BROWN Ruth : *Crapaud*, Gallimard Jeunesse.

• BROWNE Anthony : *Une histoire à quatre voix*, Kaléidoscope.

• BURNINGHAM John : *Préférerais-tu...*, Kaléidoscope.

• CABROL Mily et GRAUX Amélie : *C'est pas moi, c'est mon loup !*, Milan.

• CAPUTO Natha : *Roule-Galette*, Père Castor/Flammarion.

• CELLI Rose : *Boucle d'or et les trois ours*, Père Castor/Flammarion.

• CHABAS Jean-François : *Des crocodiles au paradis*, Casterman.

• CHABAS Jean-François : *Trèfle d'or*, Casterman.

- CLÉMENT Nathalie et Yves-Marie : *Espèce de cucurbitacée !*, Père Castor/Flammarion.
- COBB Rebecca : *À table !*, Kaléidoscope.
- COLLODI Carlo : *Les Aventures de Pinocchio*, plusieurs éditeurs.
- COUDRAY Jean-Luc : *Le Mouton Marcel*, Milan.
- DAHAN André : *Le Chat et le Poisson*, Mijade.
- DELERM Martine : *Clémence et le grand parapluie*, Seuil Jeunesse.
- DELESSERT Étienne : *Yok-Yok, le chat qui parle trop*, Gallimard Jeunesse.
- DOINET Mymi et DÉBAT Aurélien : *La Tour Eiffel a des ailes !*, Nathan.
- DUMAS Philippe : *Au clair de la lune*, L'École des loisirs.
- ESCOFFIER Michaël et DI GIACOMO Kris : *Sans le A, Kaléidoscope.*

- FLAS Isabelle et MASSON Annick : *La Clé*, Mijade.
- FRANEK Claire : *Non-Non et Grand Ours Blanc*, Thierry Magnier.
- FRONSACQ Anne : *Le Petit Bonhomme de pain d'épice*, Père Castor/Flammarion.
- GAY Michel : *Les Sous de Zou*, L'École des loisirs.
- GEISERT Arthur : *Le Lavocochon*, Autrement.
- GOOSSENS Philippe : *Boum boum boum, qui est là ?* Mijade.
- GRAVES Robert : *Le Grand Livre vert*, Gallimard Jeunesse.
- GRENIER Christian : *Le Château des enfants gris*, Nathan.
- GRENIER Christian : *Pour l'amour de Vanille*, Bayard.
- GRIMM : *Raiponce*, Nathan.
- GUETTIER Bénédicte : *Dans la jungle*, Casterman.

- HAHN Cyril : *Mon papa est un héros !*, Milan Jeunesse.
- HAUSFATER-DOUÏEB Rachel et LATYK Olivier : *Le Petit Garçon étoile*, Casterman.
- HEITZ Bruno : *Les Avatars du roi Tatar*, Circonflexe.
- HENRY Jean-Marie : *Tour de Terre en poésie*, Rue du monde.
- HOESTLANDT Jo : *Lisa a disparu*, Nathan.
- JAE-SOO Ryu : *Le Parapluie jaune*, Mijade.
- JANVIER Cédric et GIROIRE Sylvie : *Nénette la grenouille verte*, Balivernes Éditions.
- JEAN Didier & ZAD : *Une année avec Mamouna*, Casterman.
- JOHNSON Jane : *La Princesse et le Peintre*, L'École des loisirs.
- JOLY Fanny : *Marceau Bonappétit*, Nathan.
- KÉRILLIS Hélène et HIÉ Vanessa : *La Magissorcière et le Tamafumoir*, L'Élan vert/Scérén.

- KIMURA Yuichi et HATA Koshiro : *Bascule*, Didier Jeunesse.
- KRINGS Antoon : *Margot l'Escargot*, Gallimard Jeunesse.
- LALLEMAND Orianne : *Le Petit Chaperon rouge*, Casterman.
- LALLEMAND Orianne : *Les Trois Petits Cochons*, Casterman.
- LAURENT Frédéric : *Monstres en ville*, Balivernes Éditions.
- LESTRADE Agnès (de) et PERRIN Martine : *Le Parapluie de madame Hô*, Milan Jeunesse.
- LE TOUZÉ Anne-Isabelle : *Piiips !*, Pastel.
- MACDONALD Alan et WILLIAMSON Gwyneth : *La Revanche des trois ours*, Mijade.
- MARI Iela : *Les Animaux dans le pré*, L'École des loisirs.
- MÉHÉE Loïc : *Mon petit enfant de compagnie*, Les 400 coups.

- MOLLET Charlotte : *Pirouette cacahuète*, Didier Jeunesse.
- MOURLEVAT Jean-Claude : *L'Homme à l'oreille coupée*, Thierry Magnier.
- MUNARI Bruno : *Le Magicien vert*, Seuil Jeunesse.
- NICODÈME Béatrice : *Wiggins et le Perroquet muet*, Syros.
- NORTHEAST Brenda V. : *Pour l'amour de Vincent*, Mango.
- PEF : *La Belle Lisse Poire du prince de Motordu*, Gallimard Jeunesse.
- PEF : *Motordu papa*, Gallimard Jeunesse.
- PENNART Geoffroy (de) : *La Galette à l'escampette*, Kaléidoscope.
- PEYO : *Schtroumpf vert et vert schtroumpf*, Dupuis.
- PONTI Claude : *Le Chien invisible*, L'École des loisirs.
- POSLANIEC Christian : *Crimes parfaits*, L'École des loisirs.

- QUATROMME France et SAUDO Coralie : *Le Petit Pot de Zaza*, L'Élan vert.
- QUIROGA Horacio : *Contes de la forêt vierge*, Seuil/Métailié.
- RASCAL et ELLIOTT Peter : *Poussin noir*, Pastel.
- RODRIGUEZ Béatrice : *La Revanche du coq*, Autrement.
- RODRIGUEZ Béatrice : *Partie de pêche*, Autrement.
- ROGER Marie-Sabine et DIETERLÉ Nathalie : *C'est nul d'être un lapin !*, Nathan.
- ROSAMEL Chantal et GODELEINE (de) : *Nous, on n'aime pas les légumes !*, Albin Michel Jeunesse.
- ROSEN Michael et OXENBURY Helen : *La Chasse à l'ours*, Kaléidoscope.
- ROSS Tony : *Je n'aime pas la salade !*, Gallimard Jeunesse.
- SAINT-EXUPÉRY Antoine (de) : *Le Petit Prince*, Gallimard.

- SARA : *La Revanche du clown*, Thierry Magnier.
- SENDAK Maurice : *Max et les Maximonstres*, L'École des loisirs.
- SFAR Joann : *Le Petit Prince*, Gallimard Jeunesse.
- SOLOTAREFF Grégoire : *Le Petit Chaperon vert*, L'École des loisirs.
- TAYLOR Barbara : *Reptiles, un monde extraordinaire à explorer à la loupe*, Milan Jeunesse.
- TEXIER Ophélie : *Coucou petite tortue !*, Nathan.
- TOURON Pierre : *Le Livre d'En Bas*, Balivernes Éditions.
- TRÉDEZ Emmanuel et DEVAUX Clément : série « En avant foot ! » Nathan.
- VAN ALLSBURG Chris : *Boréal express*, L'École des loisirs.
- VAN ALLSBURG Chris : *Jumanji*, L'École des loisirs.
- VILLEFROMOIT Sophie (de la) : *La Princesse des Ménines*, Seuil Jeunesse.

- VOLTZ Christian : *C'est pas ma faute !*, Rouergue.
- WISE BROWN Margaret et Hurd Clement : *Je vais me sauver !*, Mijade.

L'auteur

Chercheur et formateur, spécialiste de la lecture des jeunes, **Christian Poslaniec** a écrit de nombreux livres pour les enfants et les adultes.

Achevé d'imprimer en juin 2013.
Imprimé en France par Clerc - 18200 Saint-Amand-Montrond